자두의 과학일기

자두의 과학일기 [똥과 방귀]

2025년 10월 10일 개정판 1쇄 인쇄
2025년 10월 20일 개정판 1쇄 발행

글 | 서지원
그림 | 윤유리

발행인 | 정동훈
편집인 | 여영아
편집 | 김지현, 김학림, 김상범, 변지현, 임선진
디자인 | 장현순, 김지수
제작 | 김종훈, 박재림
발행처 | 학산문화사
등록 | 1995년 7월 1일 제3-632호
주소 | 서울 동작구 상도로 282 학산빌딩
전화 | 편집 문의 02-828-8873 영업 문의 02-828-8962
팩스 | 02-823-5109
홈페이지 | www.haksanpub.co.kr

ⓒ이빈, 서지원, 윤유리 2025
ISBN 979-11-411-7293-0 74400
      979-11-411-7292-3 (세트)

※KC마크는 이 제품이 공통안전기준에 적합하였음을 의미합니다.
※이 책은 저작권법에 따라 한국 내에서 보호받는 저작물이므로 무단 전재와 무단 복제를 금합니다.
  이 책의 전부 또는 일부를 이용하려면 반드시 저작권자와 출판사의 동의를 받아야 합니다.
※잘못된 책은 바꾸어 드립니다.

자두의 과학일기

자두가 가장 궁금해하는
똥과 방귀 상식 25가지

【 똥과 방귀 】

채우리

| 머리말 |

똥과 방귀가 더럽다고요?

세상에서 제일 더러운 게 똥 아니냐고요?
하지만 생각해 보세요. 똥을 안 싸고 배 속에 똥을 한가득
가지고 있는 게 더 더러울까요, 시원하게 배 밖으로
똥을 내보내는 게 더 더러울까요?
똥을 시원하게 싸는 건 더러운 일이 아니랍니다.
똥을 건강하게 싸는 건 오히려 좋은 일이지요.
그런데 똥과 방귀 얘기를 하니까 부끄럽다고요?
실수해서 방귀를 뀌면 얼굴이 빨갛게 달아오른다고요?
하지만 똥 싸고, 방귀 뀌는 건 부끄러운 일이 아니에요.
사람은 누구나 음식을 먹어야 살 수 있어요.
똥과 방귀는 우리가 먹은 음식이 몸 안에서 소화되고
남은 찌꺼기랍니다.
우리는 똥과 방귀에 대해 잘 알아야 해요.

왜냐하면 건강하게 똥을 싸고 방귀를 뀌는 것은
아주 중요한 일이거든요.
우리 몸 안에 나쁜 세균이 많아지면 건강한 똥과 방귀가
나오지 않아요.
또 나쁜 음식을 먹어도 건강한 똥을 눌 수가 없어요.
그러니까 우리가 너무 무르지도 않고, 딱딱하지도 않은
바나나 모양의 건강한 똥을 규칙적으로 뿌직, 뿌지직 누려면
똥과 방귀에 대해 척척박사가 되어야 한답니다.
책을 읽기 전에 배가 아프면 화장실에 들고 가서 읽으세요.
방귀가 나올 것 같으면 마음껏 뀌고요.
이 책은 그렇게 읽어도 얼마든지 재밌는 책이랍니다.

| 차례 |

1장 똥의 정체 밝히기

나더러 똥강아지라고? · 10
똥을 왜 똥이라고 부르는 걸까?

똥구멍을 막고 싶어! · 14
똥은 왜 나오는 걸까?

누구 똥일까? · 18
사람은 하루에 똥을 얼마나 눌까?

똥이 마려울 땐 · 22
똥을 안 누고 참으면 몸속에 쌓일까?

달팽이 똥 · 26
똥의 색깔은 왜 똥색일까?

엄마 똥은 향기로워! · 30
똥 냄새는 왜 지독한 걸까?

윽, 똥 밟았다! · 34
똥은 왜 끈적끈적할까?

오줌싸개 자두 · 38
오줌은 왜 누런색일까?

2장 똥의 여행

어? 언제 먹었지? · 44
지금 눈 똥은 방금 먹은 음식이 아니라고?

기나긴 여행을 떠나는 똥 · 48
내가 싼 똥은 어디로 가는 걸까?

나더러 똥파리라고? · 52
똥파리는 진짜 똥을 먹고 살까?

밭에서 똥 냄새가 나! · 56
똥은 식물이 먹는 비료가 된다고?

3장 건강한 똥 싸기

뿌루룩꾹꾹 빠방뽕빵! · 62
설사는 왜 하는 걸까?

똥이 안 나와 · 66
변비는 왜 생기나?

추리 왕 민지 · 70
똥으로 건강 상태를 알 수 있다고?

발표하기 싫어 병일까? · 74
긴장하면 왜 오줌이 마려울까?

으~ 춥다 · 78
오줌을 누면 왜 몸이 부르르 떨릴까?

4장 방귀의 비밀

방귀 시합 · 84
방귀는 왜 나오는 걸까?

천둥치는 줄 알았지 · 88
방귀 소리는 왜 다른 걸까?

스컹크 VS 자두 · 92
방귀 냄새는 왜 지독할까?

아빠 방귀의 비밀 · 96
소의 방귀가 지구를 뜨겁게 한다고요?

시치미 떼기 대장 · 100
방귀를 안 뀌는 사람도 있을까?

콧방귀도 방귀일까? · 104
콧방귀도 방귀일까?

방귀를 참으면 · 108
방귀를 참으면 어떻게 될까?

마술 쇼! · 112
방귀에 불이 붙을 수 있을까?

1장

똥의 정체 밝히기

01 나더러 똥강아지라고?
똥을 왜 똥이라고 부르는 걸까?

02 똥구멍을 막고 싶어!
똥은 왜 나오는 걸까?

03 누구 똥일까?
사람은 하루에 똥을 얼마나 눌까?

04 똥이 마려울 땐
똥을 안 누고 참으면 몸속에 쌓일까?

05 달팽이 똥
똥의 색깔은 왜 똥색일까?

06 엄마 똥은 향기로워!
똥 냄새는 왜 지독한 걸까?

07 윽, 똥 밟았다!
똥은 왜 끈적끈적할까?

08 오줌싸개 자두
오줌은 왜 누런색일까?

[똥의 어원]

나더러 똥강아지라고?

8월 6일 토요일

오랜만에 할머니 댁에 놀러 갔다. 할머니께선 집 앞에서

이제나저제나 하며 우리를 기다리고 계셨다. 나랑 미미는

"할머니~!" 하고 부르며 뛰어갔다. 그런데 할머니가 다짜고짜

우리에게 "아이고, 우리 똥강아지들!"이라고 욕을 하셨다.

나는 너무 기분이 나빴다. 그런데 할머니는 할머니가 쓰는 '똥'은 절대

나쁜 말이 아니라고 딱 잡아떼셨다. 그런데 문득 똥을 왜 똥이라고

부르는 것인지 궁금해졌다. 똥이란 말은 어떻게 만들어진 걸까?

똥을 왜 똥이라고 부르는 걸까?

선생님, 똥은 나쁜 말이에요, 좋은 말이에요?

똥이 뭐니? 우리가 먹은 음식물을 소화시킨 후 몸 바깥으로 내보내는 쓰레기를 말하는 거잖니.

이런 이유로 '똥'이라는 말을 쓰면 쓸모없거나, 더럽거나, 나쁜 표현이 될 거라고 생각하기 쉽지. 하지만 똥을 붙인다고 해서 모두 나쁜 표현이 되는 건 아니란다.

어떤 학자들은 아주 옛날에 사람들이 똥을 누면서 바닥에 떨어지는 소리를 본떠서 '똥'이라는 말을 만들었을 거라고 해. 학자들은 영어로 똥을 'dung(덩)'이라고 하는 것이 그 이유라고 주장하지. 하지만 이것 역시 주장일 뿐 정확한 것은 아니란다.

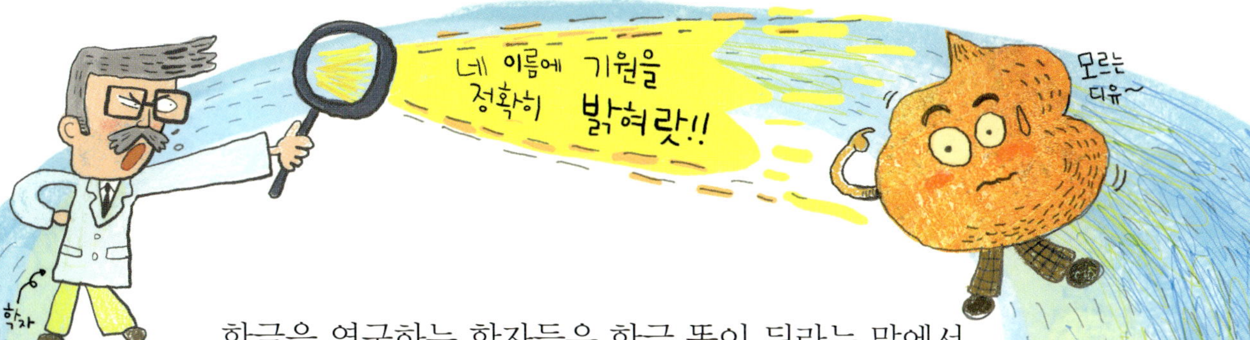

한글을 연구하는 학자들은 한글 똥이 뒤라는 말에서 나왔을 것으로 추측하기도 해. 어른들 중에는 간혹 화장실을 '뒷간'이라 부르는 경우가 있지. 뒷간은 '뒤를 보는 집'이라는 뜻과 '뒷마당에 있는 집'이라는 뜻을 가지고 있어. '뒤를 보는 집'은 '똥을 누는 집'이라는 뜻으로, 뒤가 똥을 의미하는 거지.

조선 시대에는 똥을 '쏭'이라고 썼어. 쏭이라는 글자는 원래 뒹(ㅎ)라는 글자였다가 점차 됭, 등, 동, 쏭의 순서로 변해 왔다고 해.

[똥을 누는 까닭]

똥구멍을 막고 싶어!

8월 7일 일요일

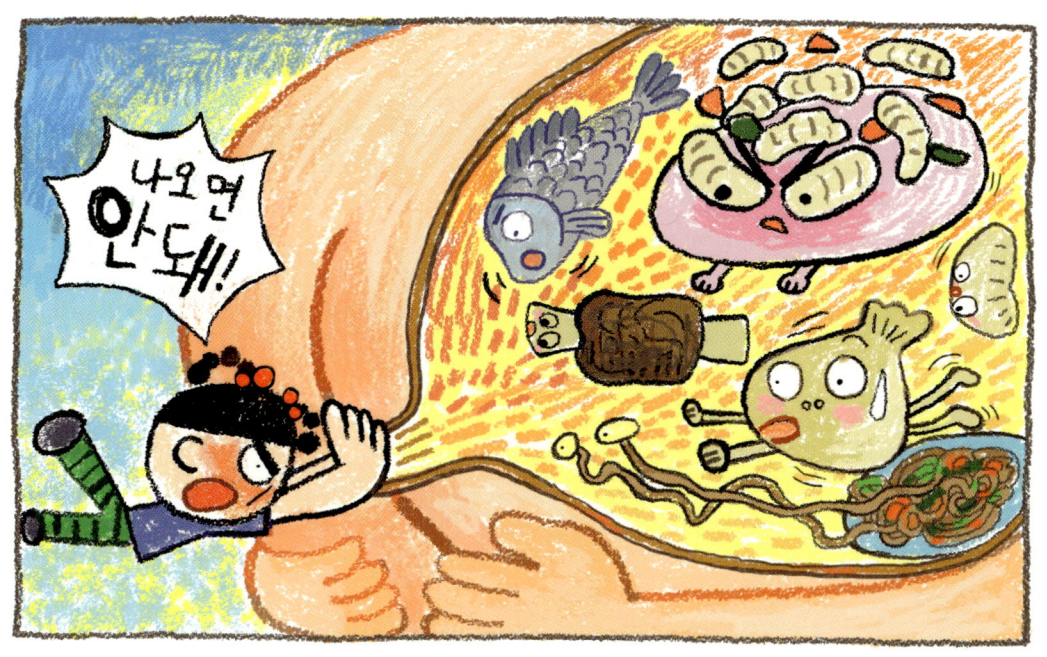

우리 가족 모두 사촌 오빠의 결혼식에 갔다. 오빠의 결혼식은 정말 멋있었다. 그런데 더 멋진 건 결혼식이 끝나고 나서 먹게 된 음식이었다. 생선찜, 갈비, 탕수육, 만두, 잡채…… 거기에 온갖 케이크까지! 나는 배가 터질 정도로 먹고, 또 먹었다.

그렇게 먹고 나니 슬슬 배가 아파 오기 시작했다. 똥을 누고 싶었던 것이다. 나는 맛있는 음식들이 모두 몸 밖으로 나오는 것 같아서 아까웠다. 음식을 먹고 나면 왜 똥이 나오는 걸까?

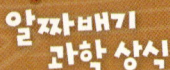
알짜배기 과학 상식

똥은 왜 나오는 걸까?

똥을 누고 나면 속이 텅 빈 것 같고, 허전해지잖아요. 그러면 또 먹을 것을 먹게 되고요. 차라리 똥을 안 누면 계속 배가 부른 채로 있게 될 텐데!

우리는 하루에 세 번 밥을 먹고, 틈틈이 간식을 먹지. 사이사이에 다른 음식들을 먹기도 하고 말이야. 이렇게 먹은 음식은 꼭 똥으로 나오게 되어 있어. 몸속에서 채 흡수되지 못한 음식 찌꺼기들이 몸 밖으로 나오는 것이 바로 똥이기 때문이지.

몸 안으로 들어온 음식은 아주 작은 조각으로 만들어져 몸에 흡수된단다. 그런데 모든 음식을 다 흡수시킬 수 있는 건 아니야. 예를 들어 식물의 껍질이라든지, 씨 같은 것은 몸에서 소화시키지 못한 채로 내보내게 돼.

이런 물질들이 쌓이고 쌓여서 바깥으로 나오는 것이 바로 똥이란다. 똥은 음식을 먹는다고 바로 나오는 게 아니야. 몸속의 음식물 찌꺼기가 가득 쌓여서

똥구멍을 자극해야만 밖으로 나올 수 있단다.

곧창자에 똥이 가득 차게 되면 우리 몸은 똥구멍으로 신호를 보내. '이제 어느 정도 양이 찼으니 밖으로 내보내야겠어!'라는 신호지.

그러면 마치 우리가 무릎을 망치로 두들기면 자동으로 다리가 펴지는 것처럼 똥구멍이 열리면서 똥이 밖으로 나올 준비를 하게 된단다.

만약 자두처럼 먹은 음식이 아까워서 몸 밖으로 나오는 걸 막으려 든다면 '변비'에 걸리게 될 거야.

화장실에 갔더니 변기가 막혀 있었다. 변기 가득 엄청난 똥이 들어 있었다. 모두들 그 똥을 보고 눈살을 찌푸렸다. 나는 변기를 막히게 한 범인이 누군지 반드시 밝혀야겠다고 생각했다. 이렇게 많은 똥을 눌 수 있는 사람은 틀림없이 덩치가 클 것이라는 생각이 들었다. 그런데 놀랍게도 그 많은 똥의 주인은 바로 땅꼬마 민지였다. 세상에, 민지 배 속에 그렇게 많은 똥이 들어 있다니! 도대체 사람은 하루에 얼마나 많은 양의 똥을 누는 걸까?

사람은 하루에 똥을 얼마나 눌까?

알짜배기 과학 상식

몸집이 작은 사람은 똥을 적게 누고, 몸집이 큰 사람은 똥을 많이 누어야 하는 거 아니에요?

몸집보다는 어떤 음식을 어떻게 먹느냐에 따라 똥의 양은 달라질 수 있단다.

우리가 음식을 먹으면 그중 95%는 몸으로 흡수되고 나머지는 똥으로 나오게 돼. 사람마다 먹는 양이 다르므로 똥을 누는 양도 모두 다를 수밖에 없지. 특히, 사람은 무엇을 먹느냐에 따라 똥의 양이 크게 달라진단다.

과일과 채소를 주로 먹는 남태평양 섬이나 아프리카 사람들은 똥을 아주 많이 눠. 과일과 채소에는 몸에 흡수되지 않는 섬유질이 많기 때문이지.

　반대로 고기를 주로 먹는 유럽 사람들은 상대적으로 적은 양의 똥을 눠. 단백질이나 탄수화물은 대부분 몸에서 흡수되거든.

　통계에 따르면 선진국으로 갈수록 사람들이 적은 양의 똥을 눈다는구나. 그건 아마 재료를 가공해서 음식을 만드는 기술이 발달했기 때문일 거야.

　쌀이나 밀 등 곡식류의 딱딱한 껍질을 모두 벗겨 부드럽게 만들어 먹고, 간편하게 데워 먹을 수 있는 인스턴트식품이 많이 개발되어 있으니 몸 밖으로 내보내는 찌꺼기의 양이 줄어들게 된 거지.

　사람은 하루에 약 100~200g 정도의 똥을 누지. 대부분의 사람들은 1년 동안 자신의 몸무게만큼 똥을 눈다고 하는구나.

【 똥을 참으면 어떻게 될까 】

똥이 마려울 땐

나는 화장실이 몹시 급했다. 금방이라도 똥이 밖으로 튀어나올 것 같았다. 그런데 화장실에 미미가 있었다. 미미는 변비가 심해서 화장실에 들어가면 한참 동안 나오지 않는다. 나는 급하다며 문을 두드렸지만 미미는 꼼짝도 하지 않았다. 나는 있는 힘껏 똥을 참고, 또 참았다. 그랬더니 갑자기 똥이 마렵다는 생각이 사라져 버렸다. 똥이 도로 배 속으로 기어들어 가 버린 모양이다. 그런데 똥을 계속 안 누고 참으면 어떻게 되는 걸까?

알짜배기 과학 상식

똥을 안 누고 참으면 몸속에 쌓일까?

똥을 꾹 참으면 어떻게 돼요? 다시 배 속으로 들어가게 되나요?

똥 속에는 우리 몸에 해로운 독소들이 많이 들어 있단다. 그러니 똥을 절대 내보내지 않으면 독소들이 몸속에 쌓이고 말겠지.

똥을 제때 몸 밖으로 내보내지 않으면 우리 몸에 심각한 이상이 생길 수 있어. 똥을 누지 않는다는 것은 큰창자 속에다가 계속 똥을 담아 두고 있는 거나 마찬가지란다.

생각해 보렴, 큰창자 속에 똥이 오랜 시간 들어 있으면 어떻게 될까? 똥 속에 들어 있던 나쁜 독소들이 여기저기 돌아다니면서 건강을 해치겠지? 갑자기 여드름이 난다거나, 뾰루지가 난다거나 하는 건 몸속 독소들 때문이야.

또 큰창자 속에 음식 찌꺼기가 많이 남아 있으면

눌리니 오줌을 채울 수가 없어.

좁아!

소화를 시키기 힘들 거야. 입에서는 계속 새로운 음식이 들어오는데 더 이상 저장할 곳이 없으니 소화 기능에 문제가 생길 수도 있겠지.

무엇보다 대장 안에 음식 찌꺼기가 계속 쌓이다 보면 대장이 너무 뚱뚱해져서 다른 몸속 기관을 누를 수도 있어.

 실제 외국에서는 화장실 공포증으로 두 달 동안 똥을 못 눈 여학생이 심장마비로 사망한 사건이 있었단다. 뚱뚱해진 대장이 몸속의 다른 장기를 밀어서 문제가 된 것이지.

헉, 무서워라!

 그러니 우리 몸에서 똥을 내보내겠다고 신호를 보내면, 되도록 미루지 말고 화장실을 가는 것이 좋단다.

좁다구!!

나도 나가고 싶다고!

끄아악

8월 11일 목요일

과학 시간에 달팽이의 똥을 관찰하게 되었다. 달팽이는 먹이의 색깔 그대로 똥을 누었다. 당근을 먹으면 주황색 똥을 눴고, 참외 껍질을 먹으면 노란색 똥을 눴고, 시금치를 먹으면 초록색 똥을 눈다. 그런데 나는 바나나를 먹어도, 시금치를 먹어도, 감자를 먹어도 똑같이 똥색 똥을 누었다. 난 예쁜 핑크색 똥을 누고 싶은데! 내 똥 색깔은 왜 갈색인 걸까?

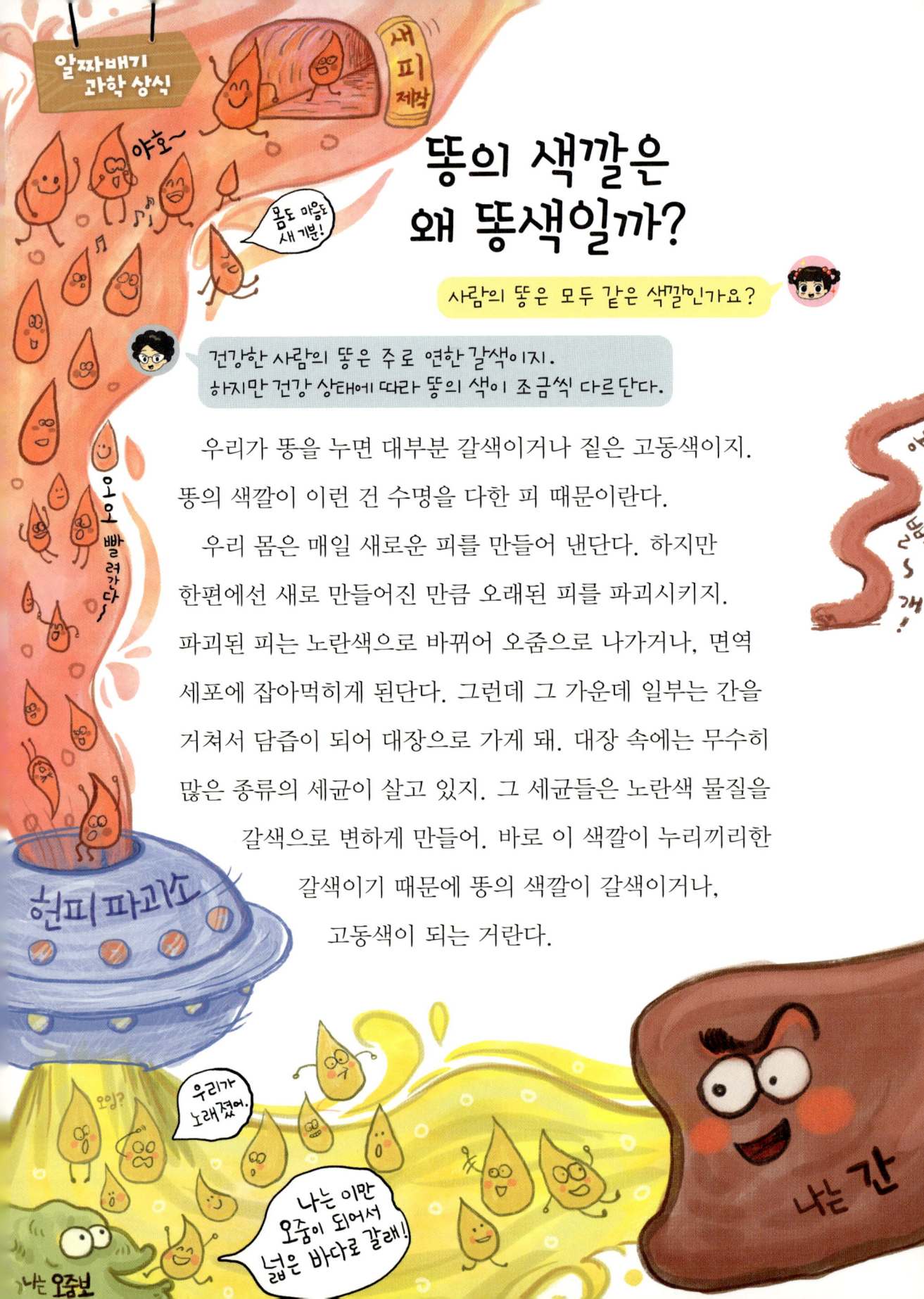

똥의 색깔은 왜 똥색일까?

사람의 똥은 모두 같은 색깔인가요?

건강한 사람의 똥은 주로 연한 갈색이지. 하지만 건강 상태에 따라 똥의 색이 조금씩 다르단다.

우리가 똥을 누면 대부분 갈색이거나 짙은 고동색이지. 똥의 색깔이 이런 건 수명을 다한 피 때문이란다.

우리 몸은 매일 새로운 피를 만들어 낸단다. 하지만 한편에선 새로 만들어진 만큼 오래된 피를 파괴시키지. 파괴된 피는 노란색으로 바뀌어 오줌으로 나가거나, 면역 세포에 잡아먹히게 된단다. 그런데 그 가운데 일부는 간을 거쳐서 담즙이 되어 대장으로 가게 돼. 대장 속에는 무수히 많은 종류의 세균이 살고 있지. 그 세균들은 노란색 물질을 갈색으로 변하게 만들어. 바로 이 색깔이 누리끼리한 갈색이기 때문에 똥의 색깔이 갈색이거나, 고동색이 되는 거란다.

이 할애비는 먹는 색깔 그대로 똥색이란다.

엄마~ 나 빨간 똥 눴어! 죽을 병에 걸린 거 아냐?

뭐?

황금똥이 나가신다! 문 열어라!

똥색은 대부분 연한 갈색이지만 매일 조금씩 다른 색을 띠게 된단다.

어째서요?

그건 전날 무엇을 먹었느냐에 따라 색이 조금씩 바뀌는 거란다.

음식의 영향 말고도 똥 색깔을 바뀌게 만드는 요인이 있지. 대장 속에 나쁜 균이 들어갔다거나, 장기에 이상이 생겼을 때 똥 색깔이 바뀌기도 하거든. 사실, 똥 색깔은 어떤 색이든 몸에는 큰 영향을 주지 않는 편이야. 하지만 아주 검은색 똥을 눈다거나, 피가 섞인 것처럼 붉은색 똥을 눈다면 얼른 병원에 가 보는 게 좋아. 그건 우리 몸에 이상이 생겼다는 신호이기 때문이지.

[똥의 냄새]

엄마 똥은 향기로워!

8월 17일 수요일

아빠가 똥을 누고 나오면 지독한 냄새가 난다. 그래서 엄마는 매일 아빠한테 잔소리를 한다. 오늘도 아빠는 엄마한테 잔소리를 들었다. 그런데 아빠가 엄마한테 버럭 대들었다.

"당신 똥도 냄새가 나는 건 똑같아!"

그러자 엄마의 눈이 도끼처럼 날카로워졌다. 아빠는 얼른 말을 바꿔서 엄마가 눈 똥에선 향기가 난다고 했다. 덕분에 우리는 무사할 수 있었다. 그런데 똥 냄새는 왜 다 지독한 걸까?

알짜배기 과학 상식

똥 냄새는 왜 지독한 걸까?

향기로운 똥 냄새가 나는 사람은 없나요?

장이 건강하고, 먹을 것을 골고루 잘먹은 사람은 똥 냄새가 거의 나지 않는단다.

우리 몸속에는 수십만 개의 세균이 살고 있어. 이 세균들은 주로 큰창자에 모여 살고 있단다. 큰창자에 사는 세균들은 음식 찌꺼기가 들어오면 이것을 작게 조각조각 분해하는 일을 해. 이때 인돌, 스카톨, 암모니아, 황화수소 등 여러 가지 화학 물질이 만들어지게 되지. 이 화학 물질이 똥 냄새를 풍기게 하는 원인이란다.

그 누구든 큰창자에서 음식을 분해할 때는 냄새가 나기 마련이야. 하지만 무엇을 먹느냐에 따라 그 정도가 조금씩 달라질 수 있단다. 예를 들어서 채소나 과일을 많이 먹게 되면 대장에 도착한 음식 찌꺼기 중 섬유질의 양이

[똥의 특징]

윽, 똥 밟았다!

8월 19일 금요일

오늘은 재수가 엄청 없는 날이다. 엄마가 미미 대신 나한테 심부름을 시킨 것도 억울한데, 심부름을 가다가 똥을 밟았기 때문이다. 나는 똥을 떼어 내려고 계속해서 바닥에다가 발을 비볐다. 하지만 똥은 쉽게 떨어지지 않았다. 나는 똥을 떼어 내려고 안간힘을 썼다. 똥은 딱딱한 덩어리일 거라고 생각했는데, 생각했던 것과는 전혀 다르다. 그런데 똥은 왜 끈적끈적한 거야?

알짜배기 과학 상식

똥은 왜 끈적끈적할까?

나도 하루 한통!

똥은 왜 말랑말랑하고 끈적끈적한 거죠?

그건 똥이 음식물 찌꺼기랑 세포, 소화액 등으로 만들어진 것이기 때문이란다.

아까 음식물 찌꺼기가 몸 바깥으로 빠져나온 것이 똥이라고 했었지. 이런 똥은 대부분 물컹거리고, 끈적끈적한 상태란다. 똥이 왜 이렇게 물컹한 거냐고? 그건 똥의 70~80%가 수분으로 되어 있기 때문이야. 수분은 대부분 소화액이란다. 그 외 나머지 딱딱한 부분은 음식물 찌꺼기, 몸속 죽은 세포 등이 뭉쳐서 만들어진 것이지. 찰흙을 떠올리면 아주 쉽게 이해가 되겠구나.

우리 몸에서는 하루에 약 7ℓ 정도 되는 소화액을 만들어 낸단다. 소화액 가운데 가장 대표적인 것이 바로 '침'이지. 입안에 고이는 침을 모두 모으면 대형 페트병 한 개가 가득 찰 정도로 양이 많아. 거기다가 위에서 만들어지는 위액의 양도 대형 페트병 한 개 반 이상이 될 정도로 많지.

이렇게 만들어진 소화액은 음식물과 뒤섞여서 몸속 골고루 흡수될 수 있도록 돕는단다. 소화가 다 되고

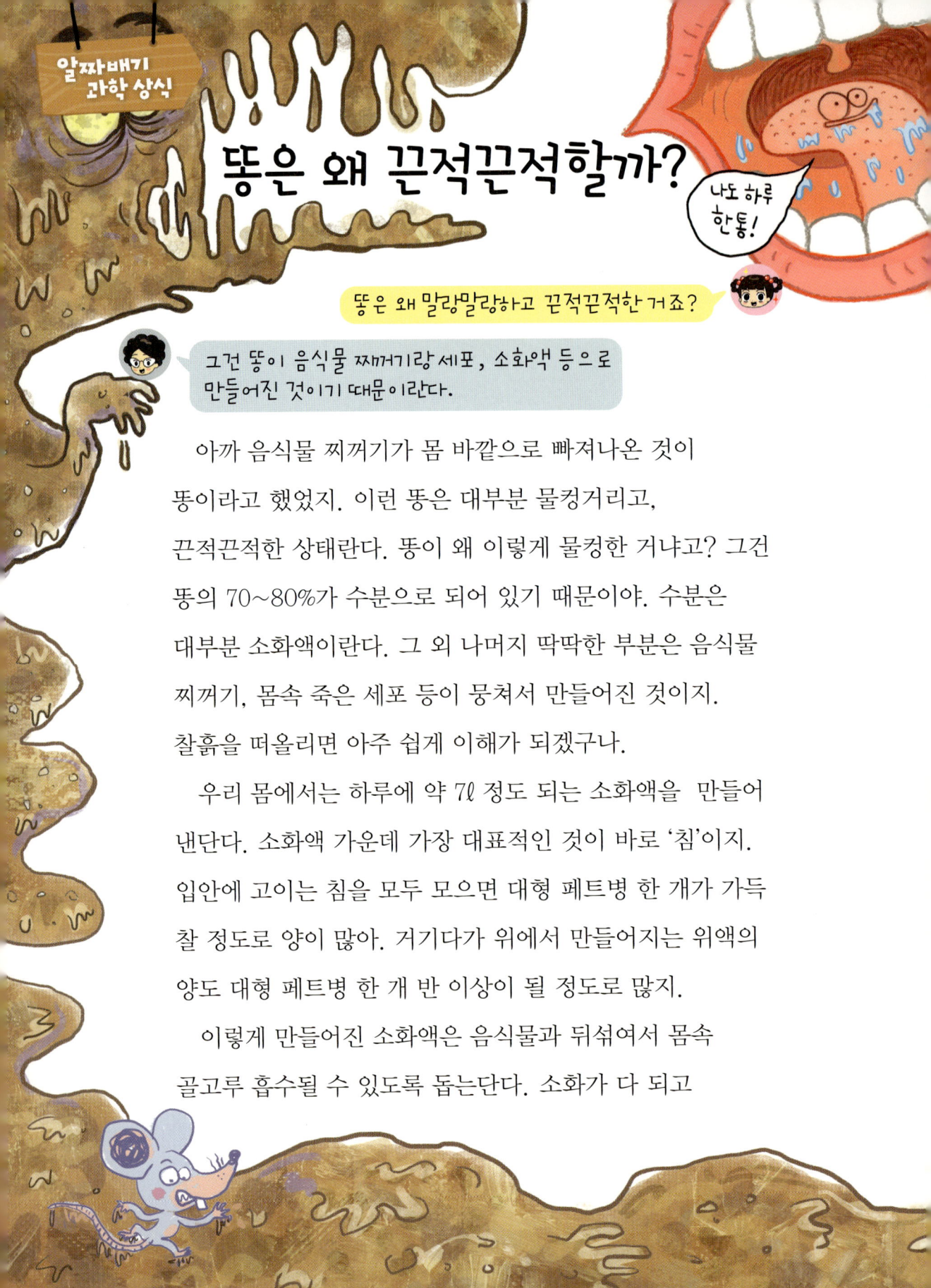

【 오줌의 색 】

오줌싸개 자두

8월 20일 일요일

밤에 물을 잔뜩 먹었다. 엄마가 화장실에 다녀와서 자라고 했지만 나는 말을 안 들었다. 그런데 새벽에 이상한 기운이 느껴졌다. 일어나 보니 이불에 오줌을 눈 상태였다. 나는 엄마한테 혼날까 봐 무서웠다. 그래서 음료수를 쏟아 버린 것처럼 연기를 했는데, 엄마가 이 모든 사실을 알아차리고 말았다. 일부러 오줌이랑 비슷한 색깔의 보리차를 쏟았는데도 알아차리다니! 우리 엄만 귀신이 틀림없다. 그런데 오줌은 왜 누런색이지?

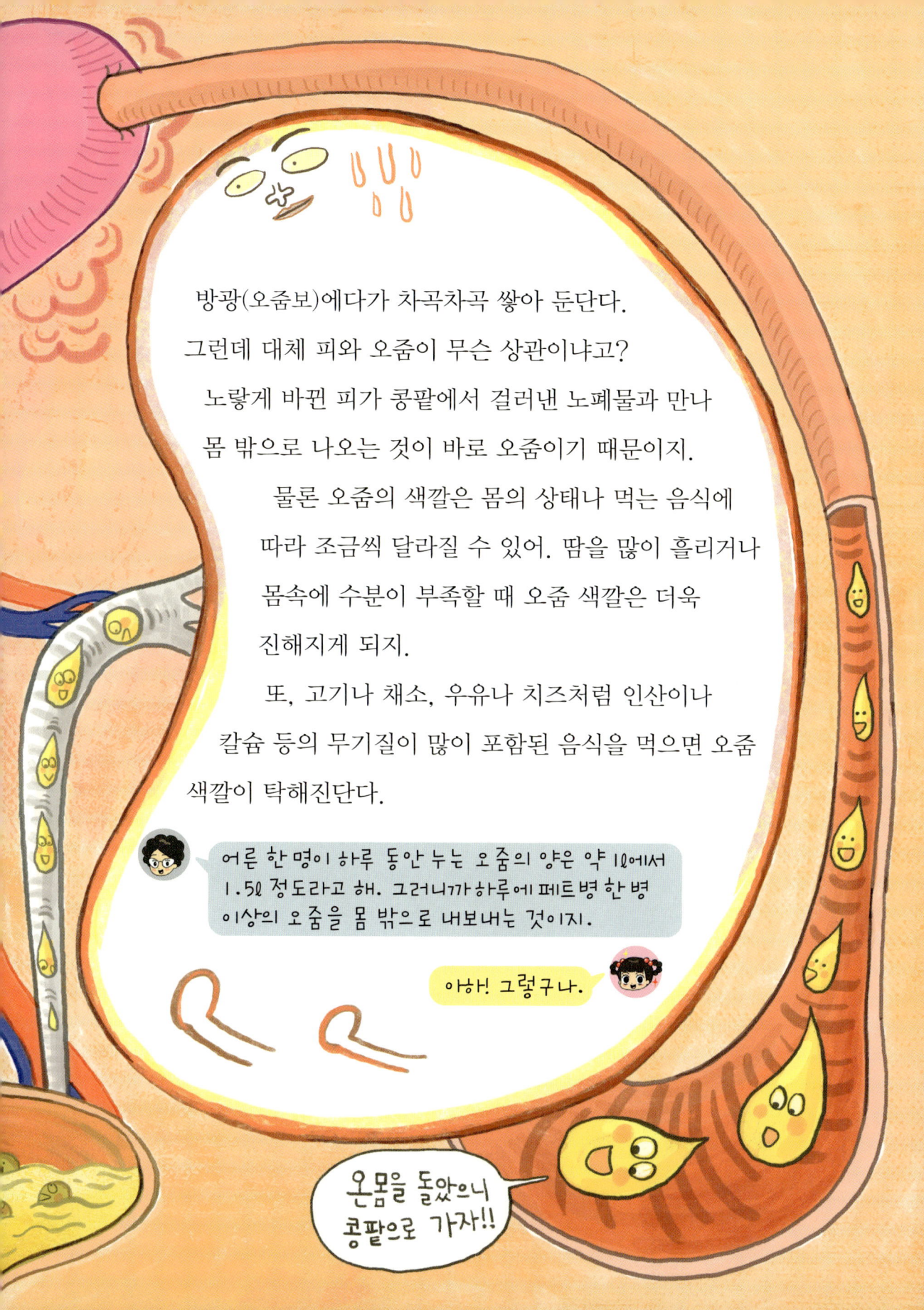

똥의 여행

2장

01 어? 언제 먹었지?
지금 눈 똥은 방금 먹은 음식이 아니라고?

02 기나긴 여행을 떠나는 똥
내가 싼 똥은 어디로 가는 걸까?

03 나더러 똥파리라고?
똥파리는 진짜 똥을 먹고 살까?

04 밭에서 똥 냄새가 나!
똥은 식물이 먹는 비료가 된다고?

[똥이 나오는 과정]

어? 언제 먹었지?

끙~ 하고 똥을 눴다. 그런데 똥 속에 씨가 들어 있었다. 참 이상한 일이었다. 나는 오늘 씨를 먹은 적이 없는데 언제 씨가 들어간 걸까. 참으로 귀신이 곡할 노릇이었다. 그때 갑자기 엊그제 먹은 수박이 생각났다. 틀림없이 수박을 먹고 나서도 똥을 누었던 기억이 난다. 그런데 그땐 똥으로 나오지 않고 있다가, 이제야 나오다니. 우리 몸속으로 들어간 음식이 똥이 되어 나오려면 시간이 걸리나 보다. 음식을 먹고 나면 언제 똥이 되어 나오는 걸까?

지금 눈 똥은 방금 먹은 음식이 아니라고?

저는 밥 먹고 나면 바로 똥이 마려워요.

 아니란다, 입으로 들어온 음식이 똥이 되어 나갈 때까지 보통 30~50시간 정도의 시간이 걸린단다.

헉, 그렇게나 오래 걸려요?

몸속으로 들어온 음식물은 식도를 거쳐, 위, 작은창자, 큰창자를 지나게 되지. 이건 무려 8~9m나 되는 꼬불꼬불한 길이란다.

우리가 맛있게 먹은 음식이 똥이 되어 나오는 과정을 좀 더 자세히 알아볼까?

먼저, 음식이 입속으로 들어오면 이빨이 음식을 잘게 부수어 주지. 그리고 식도를 지나 위에 도착하게 된단다.

위는 주머니처럼 생겼어. 음식은 위 속에서 약 3~4시간 동안 머물게 된단다. 그사이, 위는 위산을 분비해서 음식 속에 들어 있는 세균을 죽이고 음식이 소화될 수 있도록 상태를

무르게 만들지.

　그 후 음식은 길이가 7m에 달하는 작은창자에 도착하게 되지. 작은창자는 음식 속의 영양분이 우리 몸에 잘 흡수될 수 있도록 음식물을 더 잘게 분해하는 일을 해. 또, 우리 몸에 꼭 필요한 영양소를 흡수하는 일도 도맡고 있지.

　작은창자에서 미처 흡수되지 못한 찌꺼기들은 큰창자로 가게 된단다. 큰창자는 음식 찌꺼기에 남아 있는 수분을 흡수하는 일을 담당하고 있어. 큰창자에는 여러 가지 세균들이 살고 있단다. 이 세균들은 음식물 찌꺼기를 더욱 잘게 분해시키지. 수분이 모두 흡수되고, 더 잘게 분해된 음식 찌꺼기는 양이 눈에 띄게 줄어들어. 그러면 우리 몸은 이것을 곧창자로 보낸단다. 곧창자는 음식 찌꺼기를 밖으로 내보낼 준비를 하지.

이틀 만에 해방이다.

[똥의 여행]

기나긴 여행을 떠나는 똥

8월 24일 수요일

꿈을 꾸었다. 내가 똥이 되어 변기에 들어 있는 꿈이었다. 꿈에서 미미가 변기 물을 내렸다. 나는 안 된다고 했지만 미미는 내 목소리를 듣지 못했다. 결국 나는 소용돌이치는 변기 속으로 빨려 들어가고 말았다. 으아! 하고 소리를 지르다가 번쩍 눈을 떠 보니 꿈이었지 뭔가. 정말 실감 나게 아슬아슬한 꿈이었다. 그런데 만약 꿈에서 깨지 못한 채 변기 안으로 빨려들어 갔으면 어떻게 됐을까? 똥들은 대체 어디로 가는 걸까?

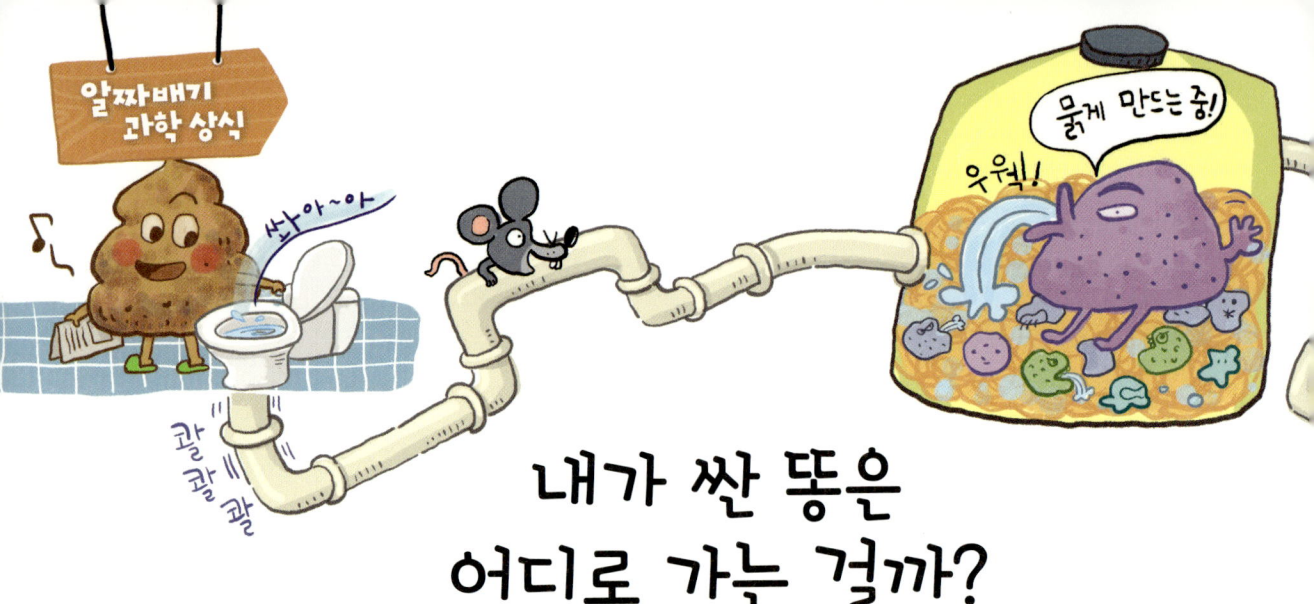

내가 싼 똥은 어디로 가는 걸까?

선생님, 변기 물을 내리면 똥이 어디로 가나요?

물과 함께 정화조로 흘러가게 되지. 그리고 그 똥은 하수 처리장을 거쳐 강이나 바다로 흘러가게 된단다.

지금은 화장실이 거의 수세식이지. 변기 물만 내리면 똥이 정화조 속으로 빨려들어 가게 되어 있어. 수세식 화장실이 없던 옛날에는 커다란 똥통에다가 똥을 누었지만 요즘은 변기라는 것을 이용해 깨끗하고 편리하게 똥을 하수 시설로 보낼 수 있게 된 거야.

볼일을 다 본 후 물을 내리면 배설물이 변기통 속으로 사라지게 되지. 변기는 건물 지하나 건물 밖 땅속에 묻혀

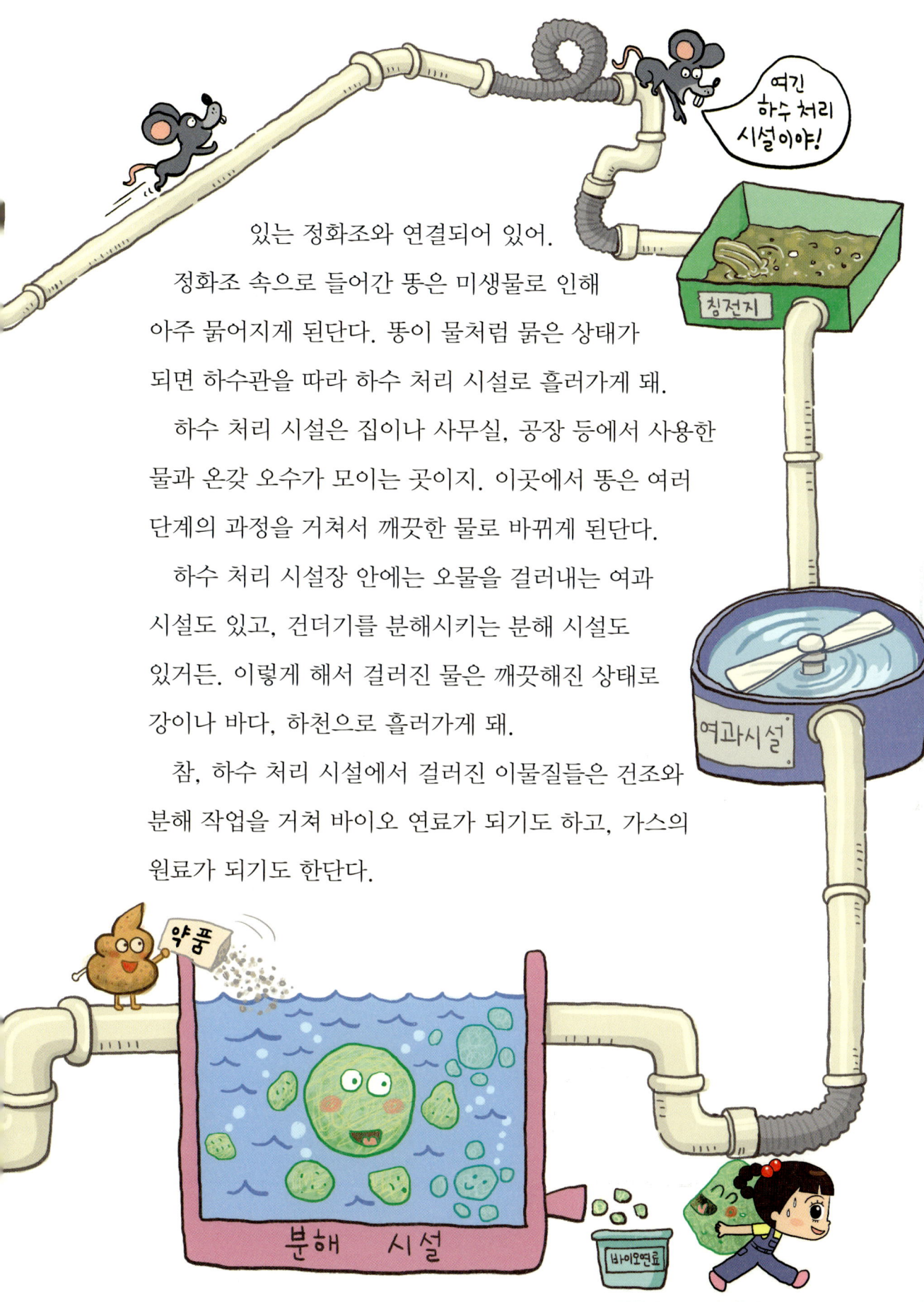

있는 정화조와 연결되어 있어.

정화조 속으로 들어간 똥은 미생물로 인해 아주 묽어지게 된단다. 똥이 물처럼 묽은 상태가 되면 하수관을 따라 하수 처리 시설로 흘러가게 돼.

하수 처리 시설은 집이나 사무실, 공장 등에서 사용한 물과 온갖 오수가 모이는 곳이지. 이곳에서 똥은 여러 단계의 과정을 거쳐서 깨끗한 물로 바뀌게 된단다.

하수 처리 시설장 안에는 오물을 걸러내는 여과 시설도 있고, 건더기를 분해시키는 분해 시설도 있거든. 이렇게 해서 걸러진 물은 깨끗해진 상태로 강이나 바다, 하천으로 흘러가게 돼.

참, 하수 처리 시설에서 걸러진 이물질들은 건조와 분해 작업을 거쳐 바이오 연료가 되기도 하고, 가스의 원료가 되기도 한단다.

[똥과 곤충]

나더러 똥파리라고?

8월 25일 목요일

돌돌이가 내 별명을 똥파리라고 지었다. 마음에 들지 않았지만 화를 내지는 않았다. 그런데 똥파리가 똥을 먹고 사는 곤충이라는 사실을 알게 됐다. 나는 화가 나서 견딜 수가 없었다. 다음에 돌돌이를 만나면 반드시 복수해 주겠다. 나는 오늘 하루 좋일 똥파리보다 더 지독한 별명으로 뭐가 좋을지 고민했다. 그런데 똥파리는 왜 하필 똥을 먹는 걸까?

알짜배기 과학 상식

똥파리는 진짜 똥을 먹고 살까?

파리 앞에다가 '똥'을 붙이는 건 똥을 좋아해서 그런 건가요?

그렇단다. 똥파리한테 똥은 훌륭한 먹잇감이자 알을 낳을 수 있는 좋은 안식처거든.

길거리에 굴러다니는 똥에는 어김없이 파리들이 꼬여 있지. 파리에게 동물의 똥은 훌륭한 레스토랑이자 안전한 보금자리라고 할 수 있어. 어째서냐고?

동물의 똥은 동물이 음식을 섭취한 후 내보내는 음식 찌꺼기잖니. 비록 음식 찌꺼기이긴 하지만 똥 속에도 영양분이 남아 있단다. 그것은 큰 짐승들에겐 도움이 되지 않을 정도의 영양분이겠지만, 작은 곤충들이 살아가기엔 충분한 것이지. 그래서 어떤 파리들은 똥을 먹이로 삼고, 그곳에 알까지 낳는단다.

똥은 고약한 냄새를 풍기기 때문에 다른 생명체들이 얼씬도 하려 하지 않지. 똥파리들은 바로 이 점을 노려서 그 속에 알을 낳는 거야. 알이 깨어나 성충이 될 때까지 안전할 수 있으니 얼마나 좋은 보금자리가 되겠니?

개가 똥을 먹는 건 왜 그래요? 똥개라서 그래요?

개가 똥을 먹는 건 여러 가지 이유가 있어.

개들은 먹고 쉬는 곳과 똥을 누는 곳을 따로 두고 생활하는 게 정상이지. 그런데 좁은 우리 안에 오래 가둬 두면 똥 때문에 더러워지기 때문에 먹기도 해. 또 집에 오래 혼자 두면 너무 지루하고 답답해서 똥을 갖고 놀다가 먹는 나쁜 습관이 들기도 하지.

[똥의 쓰임새]

밭에서 똥 냄새가 나!

8월 27일 토요일

아빠랑 시골에 놀러 갔다. 그런데 어디선가 이상하고 구린 냄새가 솔솔 풍겼다. 아빠는 그 냄새야말로 시골에서만 맡을 수 있는 고향의 냄새라고 했다. 알고 보니 냄새의 정체는 '똥'이었다. 똥을 밭에다 뿌려 두면 거름이 된다는 것이다. 내가 맛있게 먹은 채소랑 과일들이 똥을 먹고 자란 거라고 생각하니 속이 더부룩해졌다. 똥은 더러운 것인데 어떻게 식물의 비료가 되는 걸까?

똥은 식물이 먹는 비료가 된다고?

똥은 세균도 많고, 영양가도 없는 음식물 찌꺼기라고 했잖아요. 그런데 어떻게 비료가 되는 거죠?

똥 속의 여러 가지 성분들이 땅을 더 기름지고 비옥하게 만들어 주기 때문이지.

화학 비료가 만들어지기 전 똥과 오줌은 아주 훌륭한 비료였단다. 수세식 변기가 개발되기 전에는 집집마다 뒷간이 있어서 그곳에 똥을 모아 두었다 거름으로 사용했지.

똥을 비료로 사용했던 것은 똥 속에 여러 가지 영양분이 포함되어 있기 때문이란다. 똥 속에는 몸속에 미처 흡수되지 못한 영양분들이 남아 있지. 그 영양분들 가운데는 탄수화물이나 단백질 같은 유기물질과 질소, 칼륨, 인산 등의 무기물들도 들어 있단다. 이것은 식물의 성장에 도움을 주는 것들이지.

또, 똥 속에는 세균과 박테리아가 있어.

난 공기 중 질소야!

발효 잘된 퇴비왔어요!

이리 와! 어서!

그런데 박테리아는 공기 중에 퍼져 있는 질소를
끌어들인단다. 식물이 잘 자라려면 질소가 반드시 필요해.
똥 속에 있던 박테리아는 공기 중에 퍼져 있는 질소를
식물이 이용할 수 있는 상태로 만들어 주고, 무럭무럭 자랄
수 있도록 돕지.

그런데 똥을 무작정 비료로 쓰면 오히려 식물이 제대로
자랄 수 없게 된단다. 똥이 비료가 되려면 반드시
퇴비로 변하는 과정을 거쳐야만 해.
퇴비는 똥과 풀, 낙엽 따위가 섞여서
몇 달 동안 발효된 것이지.

몇 달 동안 잘 썩힌
똥 속에는 미생물이나
박테리아가 많아서
식물에게 좋은 영양분이
되는 거야.

힘이 용솟음친다.

3장
건강한 똥 싸기

01 뿌루룩꾹꾹 빵뽕빵!
설사는 왜 하는 걸까?

02 똥이 안 나와
변비는 왜 생기나?

03 추리 왕 민지
똥으로 건강 상태를 알 수 있다고?

04 발표하기 싫어 병일까?
긴장하면 왜 오줌이 마려울까?

05 으~ 춥다
오줌을 누면 왜 몸이 부르르 떨릴까?

[설사]
뿌루룩꾹꾹 빵뽕빵!

어제 우리 가족은 뷔페에 갔다. 나는 이것저것 한가득 담아서 잔뜩 먹어 치웠다. 그런데 밤부터, 갑자기 배가 꿈틀거리고 아프기 시작했다. 당장에라도 음식들이 똥구멍 밖으로 튀어나올 것만 같았다. 바지를 내리고 변기에 앉자마자 뿌루룩꾹꾹 빵뽕빵 소리를 내며 설사를 했다. 맛있는 음식을 잔뜩 먹어서 기분이 좋았는데 설사를 하다니. 대체 설사는 왜 하는 걸까? 아, 배가 아프다.

알짜배기 과학 상식

설사는 왜 하는 걸까?

너희들 언제 들어왔어?

선생님, 저…… 설사를 했어요. 제가 아주 심각한 병에 걸린 거죠? 그렇죠?

설사를 하게 되면 병에 걸렸다고 생각하기 쉬운데 반드시 그런 건 아니란다.

보통의 똥에 비해 물이 많이 포함되어 있는 똥을 설사라고 하는 거란다. 설사의 원인은 여러 가지가 있지.

설사가 나온다는 건 우리 몸에 문제가 생겼다는 거야. 음식을 갑자기 한꺼번에 먹는다거나, 소화를 제대로 시킬 수 없는 음식을 먹고 나서, 또 아주 차가운 음식이라든지 지나치게 기름진 음식을 먹고 위와 작은창자가 제 역할을 다하지 못하게 되면 설사를 하게 되지.

어떤 사람들은 우유만 먹으면 설사를 한단다. 그건 우유가 나쁜 음식이기 때문이 아니란다. 그저 우유를 소화시키는 소화 효소가 몸속에서 잘 만들어지지 않기 때문에 생기는 일이지.

꾸물

이대로 나갈 순 없어!

식중독균이닷! 어서 설사로 내뵈내야 해.

꾸물

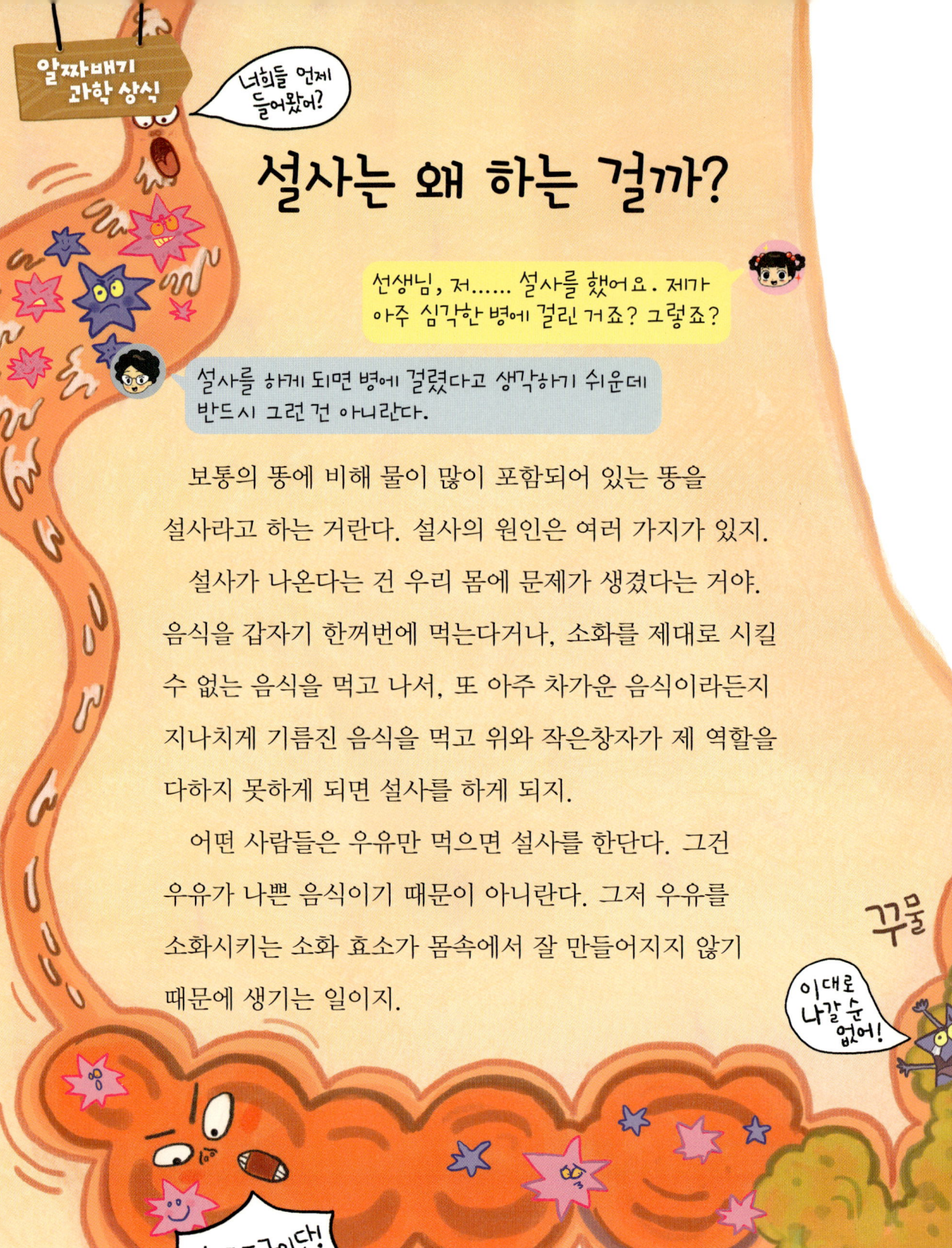

노로 바이러스나 식중독균처럼 나쁜 균이 몸 안에 들어왔을 때도 설사를 하게 돼. 한꺼번에 음식을 많이 먹어서 하게 되는 설사는 금방 멈추지만 바이러스나 균 때문에 설사를 하게 되면 하루에도 몇 차례씩 화장실에 들락거리게 되지.

설사는 장 속에 나쁜 세균이나 독소가 들어 있을 때, 음식 찌꺼기가 장에서 머무는 시간을 최대한 짧게 만들기 위해 우리 몸이 억지로 똥을 내보내는 거란다.

그러니 설사를 할 때에는 무조건 설사를 멎게 하는 것보다 어느 정도 몸속 나쁜 독소들을 바깥으로 배출하도록 놓아두는 것이 좋아.

[변비]

똥이 안 나와

9월 1일 목요일

며칠째 똥을 누지 못했다. 똥을 누려고 힘을 주어도 방귀만 뿡뿡 나올 뿐이었다. 나는 똥을 누려고 젖 먹던 힘까지 다해 엉덩이에 힘을 주었다. 그러자 마침내 똥이 나왔다. 그런데 그 똥은 겨우 엄지손톱만 한 덩어리였다. 엄마는 아무래도 내가 변비에 걸린 것 같다고 했다. 대체 변비가 무엇일까? 혹시 심각한 병일까?

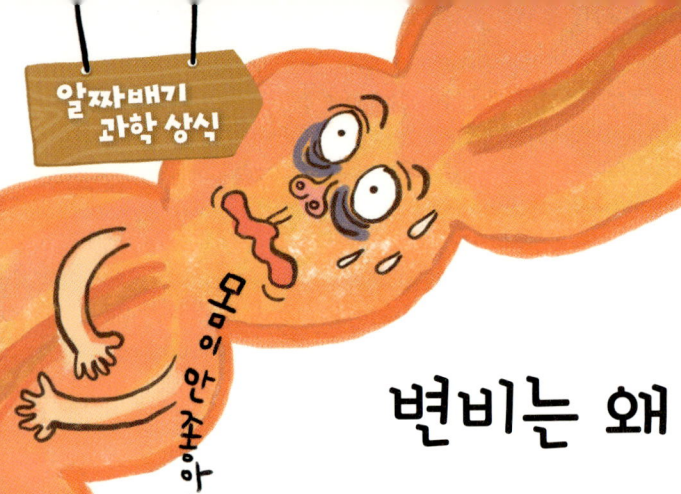

변비는 왜 생기나?

윽, 사흘 동안 화장실에 못 갔더니 배가 빵빵하고 더부룩해 못 견디겠어요.

저런, 변비에 걸렸구나.

벼, 변비라니요! 심각한 병인가요?

변비는 똥을 누려고 할 때, 똥이 쉽게 나오지 않는 증상이란다. 음식은 제때 먹는데, 똥을 제때 누지 못하면 속이 더부룩해지고 배가 아파 오겠지. 이 증상이 심해지면 소화도 안 되고, 머리가 아플 수도 있어.

사람들은 변비를 대수롭지 않게 여기는데, 이건 똥을 만드는 큰창자가 운동을 제대로 못 해서 생기게 되는 거란다. 그러니 변비가 왔다 싶으면 얼른 치료를 해야 해.

변비를 치료하는 방법은 여러 가지가 있지. 우선 운동을 많이 해 주는 것이 좋아. 몸을 너무 움직이지 않게 되면 몸속 기관들도 둔해져서 움직임이 느려지게 되고, 그러면 큰창자도 제대로 움직이지 않게 되거든.

　또, 변비에 걸리면 채소나 과일을 많이 먹어 주어야 한단다. 채소나 과일 속에는 섬유질이 아주 많이 들어 있지. 섬유질은 몸속에서 소화가 되지 않기 때문에 큰창자에 쌓였다가 몸 밖으로 나가게 돼. 이때 다른 음식 찌꺼기들까지 함께 밖으로 나갈 수 있으니 변비에 좋은 거란다.

　또, 목이 마를 때는 꼭 물을 마셔 주는 것도 변비를 막을 수 있는 좋은 방법이란다. 몸에 수분이 부족하면 장은 음식 찌꺼기에서 더욱 많은 수분을 빨아들이려고 하거든. 그러면 똥은 점점 더 딱딱해져서 몸 밖으로 나오기 힘들어지겠지?

　무엇보다도 변비를 없애려면 화장실에 부지런히 가야 한단다. 똥이 마려울 때, 자주 참다 보면 정작 똥을 누고 싶을 때 똥이 잘 나오지 않거든.

[똥과 건강]

추리 왕 민지

길에 똥이 있었다. 하마터면 밟을 뻔했다. 내가 화를 내고 있는데 민지가 지나가다가 똥을 보았다. 민지는 마치 탐정처럼 날카롭게 범인을 추리를 했다.

"이 똥의 주인은 틀림없이 물을 적게 마시고 채소를 아주 싫어하는 사람일 거야."

순간 돌돌이가 떠올랐다. 채소보단 고기를 더 좋아하니까.

그런데 민지는 똥으로 어떻게 건강 상태를 알 수 있었던 걸까?

간혹 가늘고 긴 똥이 나오는 경우가 있는데 이건 영양 상태가 고르지 못하다는 신호야. 똥의 양이 부족할 때 가늘고 길게 밖으로 나오게 되는 것이거든.

　또 콩알처럼 작은 똥을 누게 되는 경우도 있는데 이것은 물을 제대로 마셔 주지 않았다는 뜻이지. 똥을 만들 수분이 부족해서 작고 딱딱한 덩어리 채로 몸 밖에 나오게 된 것이거든. 이런 똥을 계속 누게 되면 변비에 걸릴 수 있단다.

　건강한 똥을 누려면 규칙적인 생활을 해야 한단다. 하루 세 번 규칙적인 식사를 해야만 큰창자가 부지런히 움직여서 똥을 만들 수 있거든. 만약 식사를 자주 거른다거나, 불규칙적으로 식사를 한다면 큰창자가 제대로 움직이지 못해서 똥을 많이 만들어 내지 못하게 되거든. 그리고 무엇보다 다양한 영양분을 충분히 섭취해 주어야만 해.

[오줌]

발표하기 싫어 병일까?

오늘 학교에서 모둠 과제 발표를 했다. 그런데 내 차례가 되자 갑자기 오줌이 마려워졌다. 전에도 일어서서 발표를 하려고 하자마자 화장실에 가고 싶었는데, 이번에도 마찬가지였다. 나는 화장실에 다녀오고서야 발표를 마칠 수 있었다. 아무래도 나는 병에 걸린 것 같아서 심각해졌다. '발표하기 싫어 병' 같은 것 말이다. 그런데 선생님은 내가 너무 긴장해서 그런 거라고 했다. 긴장을 하면 오줌이 마렵다니, 왜 그런 걸까?

긴장하면 왜 오줌이 마려울까?

선생님, 화장실에 가고 싶어요!

방금 다녀왔잖니?

긴장하면 자꾸 오줌이 마려워요. 병에 걸렸나 봐요.

긴장할 때 오줌이 마려운 건 병이 아니란다. 아이들만 그런 게 아니라, 어른들도 그래. 시험을 보기 전이나 발표를 앞두고 있을 때 오줌이 마려운 사람이 많지.

사람의 몸에는 자율 신경이란 것이 있어. 자율 신경은 내 마음대로 움직일 수 있는 게 아니야. 숨을 쉰다거나 체온을 유지한다거나 음식을 소화하는 일은 내 몸이 알아서 하는 것이지. 자율 신경이란 이런 일을 맡아서 하는 거야. 오줌 누는 기능을 맡아서 하는 것도

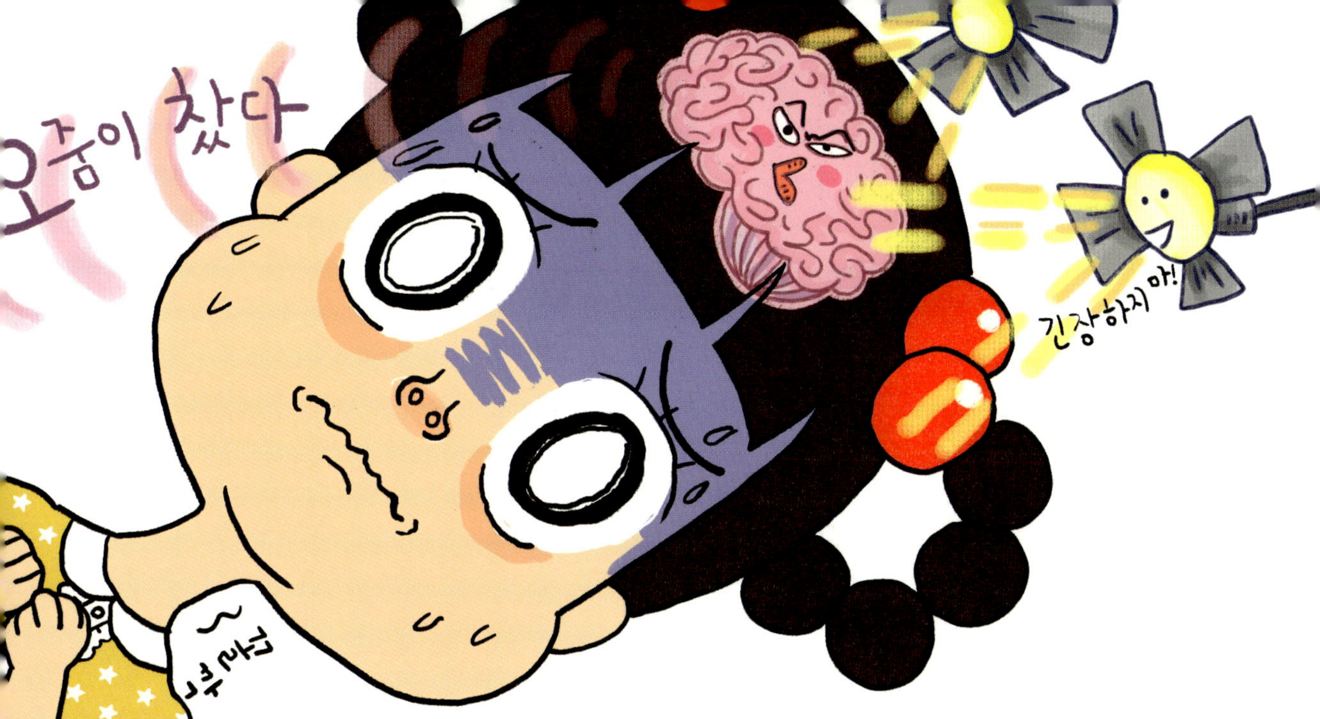

바로 자율 신경이야. 자율 신경은 오줌이 방광에 저장되면
방광이 늘어나도록 하고, 오줌이 저절로 나오지 않도록
닫아 주는 역할을 해. 또 오줌을 눌 때 방광을 작게 만들어
오줌이 밖으로 나오도록 밀어내는 역할을 하지.

    사람이 긴장을 하게 되면 자율 신경도 예민해져. 그러면
방광에 오줌이 차지 않았는데, 많이 차 있다고 느껴져서
오줌이 마려운 거란다.

    또 긴장을 하면 심장이 빨리 뛰고 혈액이 온몸으로 빨리
돌거든. 그러면서 평소보다 방광에 오줌이 빨리 채워지지.
그래서 오줌이 마려운 느낌이 더 드는 거야.

[오줌과 체온]

으~ 춥다

오랜만에 민지랑 은희랑 같이 수영장에 갔다. 수영을 하다 보니 오줌이 마려웠다. 그런데 화장실 가는 게 귀찮아서 물속에다 몰래 볼일을 보고 말았다. 오줌을 누고 나니 시원한 느낌이 들면서 몸이 부르르 떨렸다. 그걸 본 민지가 춥냐고 물었다. 나는 시치미를 뚝 떼고 재채기를 했다. 모두 내 연기에 깜빡 속아 넘어갔다. 아무도 내가 오줌 싼 걸 눈치채지 못한 것이다. 그런데 오줌을 누면 왜 몸을 부르르 떠는 거지?

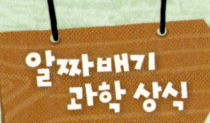

오줌을 누면 왜 몸이 부르르 떨릴까?

선생님, 전 수영장에서 몰래 실례하는 애들을 100% 찾아낼 수 있어요.

어떻게?

수영하다 말고 갑자기 일어서서 몸을 부르르 떨면 오줌 싼 거예요! 틀림없어요!

오줌을 누고 나면 자기도 모르게 몸이 부르르 떨릴 때가 있지. 그건 바로 우리 몸의 온도 때문이란다.

우리 몸속 온도는 약 35도에서 37도 정도 된단다. 몸속에 흐르는 피나 오줌, 똥의 온도도 이 온도를 유지하고 있지. 그런데 몸속에서 온도를 유지하고 있던 오줌이 밖으로 빠져나가면 순간적으로 몸속 온도가 낮아지게 된단다. 우리 몸은 오줌이 빠져나간 만큼의 열을 빼앗긴 상태가 되는 것이지.

우리 몸은 언제나 일정한 온도를 유지하도록 만들어져 있어. 몸에서 열이 빠져나가면 그만큼 모자란 열을 만들어야만 하는 것이지. 몸에서 가장 쉽게 열을 낼 수 있는 방법은 피부를 떨게 만드는

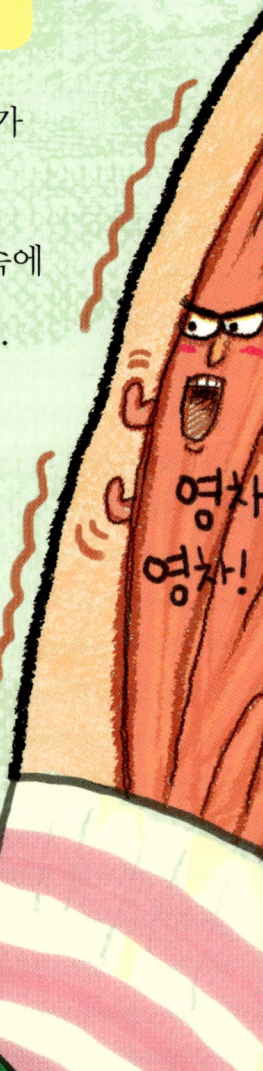

거란다. 오줌을 누고 갑자기 체온이 낮아지게 되면 우리 몸은 1초에 약 7~13회 정도 근육을 떨리도록 만든단다. 그러면 짧은 순간 열이 확 나게 되지.

비록 몇 초밖에 되지 않는 순간이지만 이때 생긴 열을 이용해서 우리 몸은 다시 체온을 유지하게 만든단다.

그런데 날씨가 따뜻할 때 오줌을 누고 나면 몸이 심하게 떨리지만 겨울에는 그렇게 심하지 않아. 그건 이미 바깥 기온이 너무 낮아서 몸속의 열을 빼앗긴 상태이기 때문에 그런 거란다.

4장 방귀의 비밀

01 방귀 시합
방귀는 왜 나오는 걸까?

02 천둥치는 줄 알았지
방귀 소리는 왜 다른 걸까?

03 스컹크 VS 자두
방귀 냄새는 왜 지독할까?

04 아빠 방귀의 비밀
소의 방귀가 지구를 뜨겁게 한다고요?

05 시치미 떼기 대장
방귀를 안 뀌는 사람도 있을까?

06 콧방귀도 방귀일까?
콧방귀도 방귀일까?

07 방귀를 참으면
방귀를 참으면 어떻게 될까?

08 마술 쇼!
방귀에 불이 붙을 수 있을까?

방귀는 왜 나올까?

방귀 시합

아빠랑 나는 방귀쟁이다. 아빠가 '뿡!' 하면 내가 '뿡뿡!' 하고,
아빠가 '뿡뿡뿡!' 하면 내가 '뿡뿡뿡뿌웅!' 하고 방귀를 뀐다.
아빠랑 내 방귀는 닮은 점이 많다. 소리도 비슷하지만 냄새도 아주
고약하다. 우리 둘이 방귀를 뀌면 엄마랑 미미랑 애기는 도망을
친다. 아빠랑 나는 그럴 때마다 으하하! 하고 웃으며 방귀를 더 뀐다.
그런데 방귀는 왜 나오는 걸까?

알짜배기 과학 상식

방귀는 왜 나오는 걸까?

난 자연스런 존재니라...

방귀는 왜 자꾸 나오는 걸까요? 냄새도 독하고, 소리도 커서 낄 때마다 부끄러워요.

방귀는 몸속의 가스가 밖으로 나가면서 나오게 되는 거란다. 방귀는 생리 현상으로 아주 자연스러운 거야. 전혀 부끄러워할 일이 아니란다.

우리 몸속에 들어 있던 공기가 항문을 통해 바깥으로 빠져나온 것을 방귀라고 해.

우리 몸속의 공기는 숨을 내쉴 때 밖으로 빠져나가게 되지. 그런데 그중에 일부는 밖으로 빠져나가지 못하고 몸속에 머무르게 돼. 이렇게 모인 공기와 몸속에서 만들어진 가스가 만나 함께 빠져나오는 것을 바로 방귀라고 한단다.

우리 몸에서는 계속해서 가스가 만들어지고 있어. 음식물을 소화시키고, 영양분을 분해하는 동안 위와 작은창자에서는 끊임없이 가스를 만들게 되지. 또, 큰창자에서는 박테리아가 음식 찌꺼기를 분해시키면서 가스를 만들기도 한단다.

이렇게 만들어진 가스는 큰창자 쪽으로 모이게 돼. 숨을 들이마셨다가 미처 내뱉지 못한 공기도, 음식을 먹거나 말을 하면서 입으로 들이마신 공기도 큰창자 쪽으로 모이지. 이렇게 해서 함께 만난 가스와 공기는 일정한 양이 쌓이면 항문을 통해 밖으로 나가게 된단다.

[방귀 소리]

천둥치는 줄 알았지

9월 12일 월요일

엄마가 당분간 탄산음료는 절대 마시지 말라고 경고했다. 그런데 나는 몰래 콜라를 사 먹었다. 들키면 엄청 혼이 날 것 같아서 시치미를 떼기로 했다. 그런데 갑자기 방귀가 뿡! 뿡! 뿡! 하고 터져 나왔지 뭔가. 오늘따라 유난히 소리가 크고 요란했다. 그 소리를 들은 엄마는 "탄산음료를 마셨지?"라고 예리하게 물었다. 방귀 소리만 듣고도 무얼 먹었는지 알아차리다니, 우리 엄만 정말 무섭다. 그런데 방귀 소리는 왜 다 다르지?

알짜배기 과학 상식

방귀 소리는 왜 다른 걸까?

방귀 소리가 어떤 때는 작았다가, 어떤 때는 커지고 그래요. 왜 그런 걸까요?

방귀는 먹는 음식이 무엇이냐에 따라서 달라져.

콩이나 밀가루, 브로콜리, 양배추, 바나나, 우유, 햄 같은 음식들은 소화시키는 동안 가스가 많이 나오게 되지. 탄산음료도 방귀를 자주 뀌게 만드는 주범이야. 탄산음료 안에는 탄산가스가 많이 들어 있어서 몸속 공기의 양을 많게 만들거든.

이렇게 해서 몸에 쌓인 공기와 가스들은 대장을 지나

항문을 통해 바깥으로 빠져나오게 된단다. 그런데 이때 반드시 움직여야만 하는 근육이 있어. '괄약근'이라는 것이지. 괄약근은 항문과 대장 사이에 있는 문과 같은 거란다. 평소에는 괄약근이 꽉 조이고 있기 때문에 공기나 가스가 전혀 바깥으로 나가지 못해. 그러다가 괄약근이 풀리게 되면 공기와 가스가 바깥으로 일제히 빠져나가게 되지.

쉽게 생각해서 괄약근은 아주 비좁은 통로 같은 것이란다. 이 통로 속으로 한꺼번에 많은 공기와 가스가 빠져나가면 어떻게 되겠니? 복잡해서 터질 듯 흔들리게 되겠지. 바로 그렇게 해서 피부가 흔들리며 나는 소리가 방귀 소리란다.

방귀는 항문 밖으로 빠져나가는 힘이 세면 셀수록 더 큰 소리를 내게 되지.

[방귀 냄새]

스컹크 VS 자두

동물원에서 스컹크를 보았다. 스컹크는 마치 다람쥐처럼 작고 귀여웠다. 예뻐서 머리를 쓰다듬었더니 스컹크가 꼬리를 치켜세우고 방귀를 뀌었다.

윽, 순간 머리가 어지러울 정도로 지독한 냄새가 났다. 나는 스컹크에게 지지 않으려고 일부러 더 크고 독한 방귀를 뀌었다.

내 방귀 냄새에 스컹크도 놀란 것 같았다. 그런데 내 방귀 냄새는 왜 이렇게 지독한 걸까?

알짜배기 과학 상식

방귀 냄새는 왜 지독할까?

 제가 뀐 방귀는 너무 독해서 숨을 쉴 수가 없을 정도예요.

그러게 평소에 음식을 골고루 먹어야지.

 방귀 냄새도 음식이랑 관계가 있어요?

　방귀는 질소나 산소, 이산화탄소, 수소, 메탄 등으로 이루어져 있지.
　이런 가스들은 아무 냄새도 나지 않는 것이 특징이란다. 그래서 소화가 잘되었을 때 나온 방귀는 냄새가 거의 없지. 그저 소리만 좀 요란할 뿐이야.
　하지만 몸속에서 만들어진 방귀가 큰창자를 지나는 동안 황화수소와 암모니아 같은 것을 만나게 되면 마치 달걀이 썩은 것처럼 고약한 냄새를 풍기게 되지.
　소화가 제대로 되지 않거나 고기나 인스턴트식품

난 좋은 것만 먹어서 냄새 안 나지!

같은 것을 많이 먹은 날에는 큰창자에서 황화수소와 암모니아가 더 많이 만들어지게 돼. 그러면 방귀를 뀔 때 아주 지독한 냄새를 풍기게 되는 거지.

　가장 지독한 방귀를 뀌는 동물은 스컹크일 거야. 그런데 스컹크의 방귀는 사람의 방귀와 조금 다르단다. 사람의 방귀 냄새는 주로 음식 찌꺼기를 발효하면서 만들어지는 것이지만, 스컹크 방귀는 자신의 몸을 보호하기 위해 만들어 낸 무기이기 때문이지.

　스컹크는 항문 주위 두 개의 방귀 주머니를 가지고 있어. 그래서 위험한 상황에 처하게 되면 스컹크는 방귀 주머니에서 노란 안개를 뿜어내. 이것이 바로 사람의 방귀보다 몇십 배는 더 독하고, 고약한 스컹크의 방귀란다.

9월 14일 수요일

선생님께서 소가 뀌는 방귀는 너무 독해서 지구를 덥게 만든다고 말씀하셨다. 그 이야기를 듣자 나는 갑자기 아빠의 방귀가 떠올랐다. 아빠의 방귀도 누구 못지않게 독하다. 그러니 아빠가 방귀를 뀔 때마다 지구 온난화가 심해질지도 모른다.
헉, 우리 아빠 때문에 지구의 모든 생물들이 고통받고 있다니!
앞으로는 어떻게든 아빠의 방귀를 막아야겠다. 그런데 독한 방귀를 어느 정도 뀌면 지구가 뜨거워지는 걸까?

알짜배기 과학 상식

소의 방귀가 지구를 뜨겁게 한다고요?

선생님, 너무 더워요!

지구 온난화 때문에 그런가 보구나.
올해는 소들이 유난히 방귀를 많이 뀌었나 봐.

소가 방귀를 뀌는 거랑 온난화랑
무슨 상관이 있는 건데요?

소의 방귀가 지구를 뜨겁게 한단다.

    지금 우리가 사는 지구에는 지구 온난화라는
문제가 일어나고 있어. 한마디로 지구가
뜨거워진다는 뜻이지.
    지구 온난화를 일으키는 건 온실가스 때문이야.
온실가스가 지구를 둘러싸고 온실처럼 만들어서
지구의 기온이 올라가는 거란다.
    온실가스는 석유나 석탄을 태우면 많이 나와.
공장에서 나오는 가스, 자동차 가스, 집에서 내보내는

가스 등이 온실가스가 되는 거란다.

온실가스는 여러 종류인데, 그 가운데 메탄이란 가스가 있어. 그런데 지구에서 메탄가스를 가장 많이 만드는 것은 공장이나 자동차가 아니라 바로 소야.

소가 방귀를 뀌거나 트림을 할 때 메탄이 뿜어져 나오거든. 소는 하루에 메탄가스를 500ℓ까지 배출해. 소는 전 세계 메탄가스 배출량의 15~20%를 뿜어내지.

지구에 사는 소는 14억 마리나 된대. 소는 점점 더 늘어나고 있어. 왜냐하면 사람들이 소를 먹기 위해 많이 키우거든. 그래서 메탄가스는 점점 더 많아지고, 지구는 점점 더 뜨거워지는 거지.

그래서 환경 전문가들은 소의 방귀에 세금을 물려야 한다고 주장하고 있어. 소가 방귀를 많이 뀌면 환경오염을 시키니까 '방귀세'라는 세금을 내게 해서 지구를 보호해야 한다는 것이지. 어떠니? 방귀도 함부로 뀌면 안 되겠지?

[방귀를 뀌는 횟수]

시치미 떼기 대장

은희가 뿡 하고 방귀를 뀌었다. 난 냄새 난다고 놀렸다. 그러자 은희는 절대로 방귀를 뀌지 않았다며 잡아뗐다. 내가 소리를 들은 것 같다고 했더니, 은희가 갑자기 펄쩍 뛰었다.

"나는 절대로 방귀 같은 걸 뀌지 않는다고!"

그러면서 은희는 내가 괜한 의심을 한다며 억울하다고 했다. 은희가 시치미를 떼는 게 빤히 보였지만 우리는 꼼짝할 수가 없었다. 그런데 방귀를 안 뀌는 사람도 있을까?

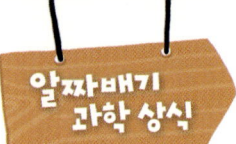

방귀를 안 뀌는 사람도 있을까?

이 세상에 방귀를 안 뀌는 사람도 있을까요?

하하, 세상에 그런 사람은 없어. 우리는 자신도 모르게 여러 번 방귀를 뀐단다.

사람이 음식을 먹는 이상 방귀를 뀌지 않을 순 없을 거야. 음식은 살아가기 위한 에너지를 만들려면 꼭 필요한 것이지. 사람은 음식을 먹어야만 힘을 낼 수 있어. 그러니 결국 살아가기 위해서는 반드시 방귀도 뀌어야만 한다는 결론이 나지. 생각해 봐, 음식을 먹기 위해 입을 벌려야 하고, 몸속에서 소화시켜야만 해. 사람은 하루에 열세 번 정도 방귀를 뀐다고 해. 우리가 의식하지 못하지만 잠자는 중간에도 방귀를 뀔 수 있지.

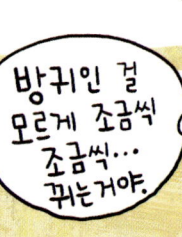

방귀인 걸 모르게 조금씩 조금씩... 뀌는 거야.

방귀 안 뀌기 대회

　보통 사람들이 방귀로 내보내는 공기와 가스의 양은 500~600㎖ 정도란다. 먹는 양에 따라서는 2,000㎖ 이상의 방귀를 뀔 수도 있지. 그리고 몸속 소화 기관에 무리가 가거나, 이상이 생기면 더 많은 방귀가 나오게 된단다.

　그런데 우리 몸속의 가스와 공기는 반드시 항문을 통해서만 나오는 게 아니란다. 식사를 맛있게 하고 나서 '끄억~!' 하고 트림을 할 때가 있지. 이때 나오는 트림 역시 방귀처럼 몸속의 공기를 바깥으로 내보내는 행동이란다.

[콧방귀]

콧방귀도 방귀일까?

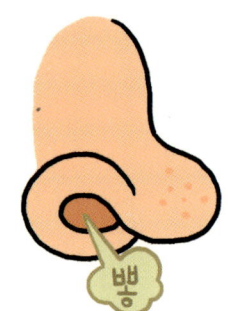

살이 좀 빠진 것 같았다. 그래서 애들한테 날씬해진 것 같지 않으냐고 물었다. 그러자 은희가 콧방귀를 뀌면서 비웃지 뭔가. 나는 너무 기분이 나빴다. 아무리 우습더라도 그렇지 어떻게 방귀까지 뀌어 가며 웃을 수 있는 것일까? 나는 화가 나서 은희한테 왜 방귀를 뀌냐고 따졌다. 그러자 은희는 자기가 언제 그랬냐고 우겼다. 콧방귀도 방귀는 방귀이지 않을까?

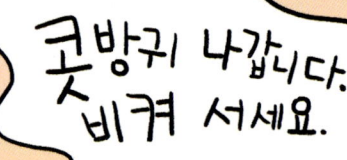

콧방귀도 방귀일까?

선생님, 코로도 방귀를 뀔 수 있어요?

그럼, 우리는 입으로도, 코로도 방귀를 내보낼 수 있단다. 방귀는 꼭 항문으로만 나가는 게 아니거든.

우리 몸속의 가스는 주로 소화 기관에서 만들어져. 음식이 몸속으로 들어오면 여러 가지 균과 박테리아 등이 음식을 잘게 분해하게 되지. 이때 만들어진 가스와 공기가 만나 방귀가 되는 거랬지?

이것은 곧장 항문으로 빠져나오기도 하고, 우리 몸속 곳곳을 돌아다니다가 입으로 나오기도 한단다. 입으로 가스와 공기가 나오는 것이 곧 트림이지. 그리고 일부는

핏속으로 녹아들어 갔다가 폐를 지나 코를 통해 밖으로 나오기도 한단다.

우리 조상님들은 매우 똑똑하셨어. '콧방귀 뀌다!'라고 할 때 콧방귀가 방귀는 아니지만 코로 몸속의 가스와 공기가 나오는 것은 사실이니까.

우리 몸에서 계속 가스와 공기를 밖으로 내보내는 까닭은 이것이 쌓여 창자를 부풀어 오르게 하거나, 소화가 원활하게 이뤄지지 않도록 만들기 때문이야.

바로 이런 이유 때문에 우리 몸은 건강을 위해서 자기도 모르는 사이 코와 입, 그리고 항문을 통해 방귀를 뀌고 있는 것이지. 그러니 방귀는 애써 참지 말고 시원하게 밖으로 배출해야 한단다.

[방귀를 뀌는 이유]

방귀를 참으면

9월 28일 수요일

수업 시간에 갑자기 방귀가 나올 것 같았다. 나는 아이들이 비웃을까 봐 겁나서 일부러 방귀를 꾹 참았다. 그런데 방귀를 참고 있으니 속이 더부룩해지고, 배가 아파 오는 것 같았다. 엉덩이에 힘을 꽉 준 채로 참고, 또 참았지만 끝까지 참을 수가 없었다. 결국 나는 방귀를 뀌고 말았다. 그 바람에 나는 웃음거리가 되고 말았다. 만약 내가 방귀를 끝까지 참았으면 어떻게 됐을까?

알짜배기 과학 상식

방귀를 참으면 어떻게 될까?

방귀가 몸 속에 쌓이고 또 쌓이면 배가 풍선처럼 부풀어 오를까요?

아니, 고작 방귀 정도로는 배가 그렇게 부풀어 오를 수 없단다. 대신 방귀를 참으면 변비가 생기기도 하고, 배가 아플 수도 있지.

방귀가 장 속에 가득 찼는데도 바깥으로 내보내지 않으면, 방귀는 장의 벽을 타고 혈관 속으로 들어가 버려. 어떤 방귀는 피를 타고 돌아다니다 콩팥을 지나 오줌이 되어 바깥으로 빠져나가기도 하지. 대부분의 방귀는 피를 따라 폐로 갔다가 우리가 숨을 쉴 때 입과 코로 나가겠지만, 일부는 남아서 우리 몸에 쌓이게 된단다.

창자에 그대로 남아 있는 방귀는 창자를 부풀어 오르게 만들어서 배를 아프게 하기도 하고, 변비가 생기도록 하기도 해. 방귀를 오래 참은 사람의 배 속을 X-레이로 촬영해 보면 창자 속에 몽글몽글 공기가 차 있는 것을

아휴~! 내리니 살겠다.

엄마! 똥 냄새가 나요!

부우우우웅~

눈으로 확인할 수 있단다. 그러니 방귀는 되도록 참지 말고 뀌는 것이 좋아.

방귀는 몸속의 필요 없는 공기나 나쁜 가스를 몸 바깥으로 빼내 주는 신체 활동이잖니. 그 활동을 억지로 막으면 몸에 탈이 날 수밖에 없는 거야. 그러니 방귀가 뀌고 싶을 때는 재빨리 방귀를 뀌어서 가스를 내보내야만 한단다.

가급적이면 화장실이나 사람이 없는 곳을 이용해서 방귀를 뀌는 게 좋겠지. 하지만 사람이 많은 장소에서 방귀를 뀌더라도 부끄러워할 필요는 없어. 방귀를 뀐다는 것은 숨을 쉬듯 아주 자연스러운 신체 활동일 뿐이니까.

[방귀 속의 가스]

마술 쇼!

9월 29일 목요일

오늘 가스 아줌마가 검침을 왔다. 아줌마는 우리에게 가스에 불을 붙이면 불길이 치솟는다고 일러 주셨다. 그러니 가스가 새는 것 같을 때는 절대 라이터나 다른 불을 켜서는 안 된다는 것이었다. 가스가 나올 때 불을 붙이면 폭발한다고? 나는 갑자기 우리 아빠가 방귀를 뀔 때 불을 붙이면 어떻게 될지 궁금해졌다. 방귀에도 불이 붙을 수 있을까?

알짜배기 과학 상식

방귀에 불이 붙을 수 있을까?

방귀를 뀔 때 나온 가스 때문에 불이 나기도 하나요? 우리 아빠가 뀐 방귀는 엄청 지독하니까 불이 붙을 수도 있을 것 같아요.

 방귀 속에는 불을 붙일 만큼 많은 메탄가스가 들어 있지 않단다.

방귀 속에는 질소를 비롯해 산소, 메탄, 이산화탄소 등 여러 가지 가스들이 포함되어 있어. 그중에서 수소와 메탄은 불을 붙일 수 있는 가스들이지. 그런데 수소나 메탄에 불을 붙이려면 일정 수준 이상의 양이 모여야 가능하단다.

그렇다면 우리의 방귀 속에는 어느 정도의 수소나

메탄가스가 들어 있을까? 사람의 방귀 속에는 아주 적은 양의 수소와 메탄가스가 들어 있어. 게다가 그것들은 방귀를 뀌는 순간 방귀는 공기 중으로 흩어져 버린단다. 그러면 공기 중의 다른 기체들과 섞여 버리고 말지.

만약 방귀를 가지고 불을 붙이고 싶다면 몸 밖으로 방귀가 빠져나오는 순간 다른 기체와 섞이지 못하도록 얼른 가두어 두어야만 해. 그래야만 온전한 수소나 메탄을 모을 수 있게 되는 것이지. 하지만 그것을 모두 가둔다 하더라도 불을 붙이는 데는 성공하지 못할 수도 있어. 그 양이 워낙 적어서 불꽃을 일으키기가 힘들거든.

만약 수십 명의 사람들이 밀폐된 공간 안에 모여 일제히 방귀를 뀐다면 불을 붙일 수 있을지도 몰라. 하지만 그런 일은 정말 일어나기 힘들겠지?

경제를 놀이처럼 쉽고 재미있게!
스마트한 세 살 경제 습관이 여든 간다!

아빠가 알려 주는 경제 이야기

부자가 되고 싶다고요?
자유롭게 돈을 쓰면서 살고 싶다고요?
《태토의 부자 되는 시간》에는
부자가 되는 비밀이 들어 있어요!
똑똑한 경제 동화가 미래의 나를
부자로 만들어 줄 거예요!

어른도 아이도 재미있는 경제보드게임
미래의 부자를 꿈꾸며 재미있는 게임 한 판!

신비아파트 학습 보드게임

카드 게임도 하고
속담, 고사성어, 국기도 익히고!

www.haksanpub.co.kr (주)학산문화사 문의 02-828-8962